I0126461

Alle Rechte der Verbreitung, auch durch Film, Funk und Fernsehen, foto-mechanische Wiedergabe, Tonträger, elektronische Datenträger und aus-zugsweisen Nachdruck, sind vorbehalten.

Für den Inhalt und die Korrektur zeichnet der Autor verantwortlich.

© 2017 united p.c. Verlag

Gedruckt in der Europäischen Union auf umweltfreundlichem, chlor- und säurefrei gebleichtem Papier.

www.united-pc.eu

Reinhold Herbert Litschke

Moskau – Berlin – Riga – Schwedt/Oder
Stationen, die mich prägten

Moskau – Berlin – **Riga – Schwedt/Oder**

Stationen, die mich prägten

In dieser Ausgabe schildert der Journalist und Autor Reinhold Herbert Litschke, Jahrgang 1935, seine Erfahrungen und Erkenntnisse, die er während seiner mehrjährigen Aufenthalte in Europas Hauptstädten Moskau, Berlin, Riga und der deutschen Kreisstadt Schwedt – seiner wohl letzten Station – gemacht hat. Positives und Negatives halten sich die Waage.
Interessant insbesondere sein Vergleich mit Deutschland, seiner eigentlichen Heimat, in die er nach vielen Jahren zurückkehrte.

Reinhold Herbert Litschke, den Freunde im In – und Ausland schlicht *Bert* nennen, lebte zuletzt als akkreditierter freier Journalist und Autor in der lettischen Weltkulturhauptstadt Riga. Im März 2015 landete er in Deutschlands wohl schönster Stadt: Schwedt an der Oder, an der deutsch-polnischen Grenze.
Ein ehemaliger Potsdamer Minister behauptete einmal, ein deutscher Mann werde bettelarm, wenn seine Ehe geschieden wird. „Bert" machte drei Mal diese Erfahrung.

Moskau 1997 bis 2012

Zu Zeiten, als es die DDR noch gab, musste man als deren Bürger schon ein Funktionär der Sozialistischen Einheitspartei Deutschlands, der SED, oder einer der so genannten Blockparteien, wie der NDPD, der LDPD oder der CDU sein, um ohne Umstände in die damalige Sowjetunion reisen zu können. Es sei denn, man wurde aus beruflichen Gründen delegiert. Junge Menschen durften das auch, sogar dort studieren. Voraussetzung aber war eine aktive Mitgliedschaft in der Jugendorganisation Freie Deutsche Jugend, der FDJ. Beispiel: Angela Merkel. Immerhin war sie in der FDJ Sekretär für Agitation und Propaganda.

Nach der gelobten Wende ist das einfacher – nein, eigentlich genau so kompliziert. Denn nur wer im Besitz einer Einladung ist, darf nach Russland reisen. Arbeitslose russische Bürger können einen Deutschen nicht einladen, weil sie weder eine Beschäftigung noch ein ausreichendes Einkommen nachweisen können. Es sei denn, es kann ein hohes Guthaben oder Vermögen gegenüber den deutschen Behörden nachgewiesen werden.

Deutsche Bürger, die eine Person aus Russland einladen möchten, müssen einige Voraussetzungen erfüllen. Dazu gehört der Nachweis eines festgelegten Mindesteinkommens, was den Arbeitslosen und vielen Rentnern sicher nicht möglich ist.

Für einen Journalisten gibt es in Russland viel Arbeit. Wöchentlich erhalte ich mehrere Einladungen von Firmen, Behörden, vom

Pressezentrum und natürlich auch von der Botschaft.
Lobenswert ist der Kontakt, den die Mitarbeiter der Botschaft und der russischen Pressestelle zu den akkreditierten Journalisten pflegen. In allen Fragen stehen sie beratend zur Seite. Viele niveauvolle Veranstaltungen tragen zum gegenseitigen Verständnis bei. Oft entstehen so auch private freundschaftliche Kontakte.
Die Russen sind ein sehr kulturinteressiertes Volk. Es wird viel gelesen, auch in der METRO. Unzählige Museen habe ich besucht, zum Teil ungewollt. Es beweist sich, dass ich auf diesem Gebiet wohl ein so genannter Kulturbanause bin. Anders beim Essen. Hier essen die Menschen mit der Gabel und mit den Fingern, selten mit dem Messer. Selbst ein Dekan einer international angesehenen Moskauer Universität, mit dem ich mich zu einem Gespräch traf, hatte so seine Schwierigkeiten mit dem Besteck.

Der Wodka, in Russland gebraut, trägt zur Gesunderhaltung bei. Das jedenfalls meinen hierzulande renommierte Wissenschaftler. So wird unter anderem behauptet, dass dieses „Wässerchen" der Verdauung diene, Blutgerinnsel verhindert und die Bildung von Magensaft fördert. Äußerlich angewendet, bekämpft man Furunkel und Hautunreinheiten. Bestimmte Sorten sollen blutdrucksenkend wirken. Dass Wodka der Gesundheit dient, wird mit der Reinheit des darin enthaltenen Alkohols begründet. Japanische Wissenschaftler wollen herausgefunden haben, dass Wodka Trinkende intelligenter sind als andere, bedingt durch die Verhinderung von Ablagerungen in den Arterien. Ein renommiertes italienisches Institut hat bereits in einem 2005 veröffentlichen Forschungsergebnis festgestellt, dass ein Gläschen Wodka pro Tag sich positiv bei Diabetes auswirkt. Es empfiehlt deshalb 40 Gramm täglich. Das ist natürlich nicht nur für russische Trinkrunden lachhaft. Diese wissenschaftlichen Aussagen beziehen sich ausdrücklich auf den in Russland hergestellten Wodka. Zusammenfassend darf man sich wundern, weshalb dieses hochwirksame „Wässerchen" in Deutschland noch nicht rezeptpflichtig ist, zumal dort für fast jedes Medikament eine Rezeptpflicht besteht. Für die Herstellung werden Getreide und Kartoffeln verwendet, seltener Rübensirup (Melasse). Während Wodka in Osteuropa vorwiegend aus Roggen hergestellt wird, verwendet man in westlichen Ländern hauptsächlich Weizen. Wodka aus Roggen schmeckt lieblich, weich und mild. Melasse ist in Russland zwar der billigere Rohstoff für die Herstellung, ist aber qualitativ der schlechtere. Produktionsländer sind neben Russland und Polen die Ukraine, Schweden, Finnland und in schlechterer Qualität Deutschland. In Russland und Polen wird Wodka während einer Mahlzeit konsumiert. Jeder isst etwas dazu, während zwischendurch, nach einem Trinkspruch, immer wieder ein Schluck genommen wird. Beim Trinken wird die Luft angehalten und das Glas mit einem Schluck geleert. Dann atmet man aus und isst etwas. Die Trinkgläser, natürlich ohne Füllstrich, fassen etwa 50 oder 100 Gramm, also 0,05 oder 0,1 Liter. Bestellt wird immer in Gramm, die Mindestabgabe sind 50 Gramm. Es gilt der strenge Grundsatz: Kein Wodka ohne etwas Essbarem!

Der Tag Russlands ist ein Feiertag in der Russischen Föderation und wird jährlich am 12. Juni begangen. 1994 erklärte der damalige Präsident, Boris Jelzin, dies sei ein Tag der Unabhängigkeit. Dabei ist ihm offenbar entgangen, dass Russland noch nie von einem anderen Staat abhängig war. Deshalb ist es richtig, dass im Jahre 2002 die Änderung in „Tag Russlands" erfolgte. Überall im Land, vor allem in der Hauptstadt Moskau, weisen viele Plakate und Transparente auf diesen Feiertag hin. Auf dem Roten Platz wird der 12. Juni mit einer Parade und anderen Darbietungen der Armee gefeiert.

Der 8. März, der von der deutschen Sozialistin Klara Zetkin erdachte Internationale Frauentag, wird in Russland besonders ehrenvoll begangen. Von 1933 bis 1945 war dieser Tag in Deutschland verboten. Kein Wunder, dass er nach dem Krieg in Westdeutschland keine Rolle spielte. In Ostdeutschland aber war er ein arbeitsfreier Tag, also ein Feiertag. In Russland werden die Frauen an diesem ihrem Ehrentag von den Männern beschenkt und verwöhnt, nicht nur in den Familien, auch in den Betrieben. Ebenso in der DDR. Nach der Wende jedoch wurde er im geeinten Deutschland ersatzlos verbannt und wird kaum noch gebührend gewürdigt. Dennoch gilt dieser Tag als Weltfrauentag, auch wenn es einigen Politikern im Westen nicht behagt.

Russische Ostern gelten in Russland als Höhepunkt aller russisch-orthodoxen Feiertage. Der Gottesdienst am Abend vor Ostersonntag ist der wichtigste des ganzen Jahres. Trotz Warnung der Kirche, gehen sehr viele Russen auf den Friedhof und trinken an den Gräbern ihrer verstorbenen Angehörigen oder Freunde einen Wodka oder ein anderes alkoholisches Getränk. Der Friedhofsbesuch gehört zur Ostertradition der meisten Russen. Auf dem Friedhof ist die Stimmung der Besucher ausgelassen, wohlwissend, dass Ostern der Tag der Wiederauferstehung ist, also ein Tag nicht nur der Toten.

„Dschordschija" ist der Name meiner Stammgaststätte. Dort erhalte ich 20 % Rabatt auf alles. Natürlich auch für meine Begleitung, sofern ich der Zahlende bin.
Eines Tages bat mich ein Gast in Tischnähe, einige Fotos von ihm und seiner Begleiterin zu machen. Natürlich erfüllte ich ihm den Wunsch. Er gab mir seine Visitenkarte, auf der unübersehbar zu lesen war: Generalmajor Sch. Einen Tag später übermittelte ich ihm die Fotos per E-Mail. Das war ein großer Fehler. Der General rief mich an und offenbarte mir, dass seine Begleiterin im Restaurant nicht seine Angetraute sei. Durch die Fotos habe seine Ehefrau von seiner Untreue erfahren, der Fortbestand seiner Ehe sei nun fraglich. Bedauernswert, der General.

„**Prestige**" ist eine kleine Gaststätte in der Nähe meiner Wohnung. Idyllisch an einem See gelegen, auf dem im Winter die Petrijünger ihr Glück versuchen, nachdem sie ein oder mehrere Löcher in das dicke Eis geschlagen oder gebohrt haben. Angeln darf in Russland jeder, der meint es zu können. Es werden weder Gebühren noch ein Befähigungsnachweis verlangt, jeder angelt wann und wo er will.

Das Besondere an dieser Gaststätte ist, dass kein Schnaps ausgeschenkt wird. Die attraktiven, flotten Kellnerinnen empfehlen dem nicht eingeweihten Gast, bei Bedarf den Wodka im Magazin nebenan zu kaufen. Getrunken werden darf er ohne jeglichen Aufschlag in der Gaststätte. Eine weitere Besonderheit in Russland ist, dass kleinere Lokalitäten nicht verpflichtet sind, Toiletten zu betreiben. Muss der Gast mal, dann darf oder muss er im Magazin nebenan sein „Geschäft" verrichten.

Im „Prestige" werden täglich mehr Gäste bewirtet, als in den anderen Wirthäusern in der Nähe. Das liegt nicht nur an den schönen Kellnerinnen, viel mehr an den Preisen. So zahlt man zum Beispiel für drei gegrillte Bockwürste mit viel Salat und einem Bier 180 Rubel, das sind etwa vier Euro. Natürlich unterhalten am Abend Musiker die Gäste – wie in jeder Gastlichkeit in Russland üblich.

Die Deutsche Schule in Moskau hat es sich zur Aufgabe gemacht, Schülern, deren Eltern meist aus beruflichen Gründen nur vorübergehend in Moskau sind, eine Fortsetzung ihrer in Deutschland begonnen Schullaufbahn zu gewährleisten. Ihre Amtsbezeichnung ist:

„Deutsche Schule Moskau". Um den Schülern einen problemlosen Übergang von Deutschland nach Russland und umgekehrt zu ermöglichen, richtet sich die *Deutsche Schule Moskau* nach innerdeutschen Lehrplänen.

KGB ist die Abkürzung für den ehemaligen sowjetischen Geheimdienst und bedeutet sinngemäß so viel wie „Komitee für Staatssicherheit". Es entstand 1954 und hat seitdem seinen Sitz in Moskau. Nach dem Putschversuch im August 1991 wurde die Behörde aufgelöst, es entstand ein neuer Geheimdienst mit dem Namen FSB, was etwa „Föderaler Sicherheitsdienst" heißt. In Weißrussland gibt es die Bezeichnung KGB noch immer.

Zu Zeiten des Kalten Krieges wurde in den USA das Ehepaar Ethel und Julius Rosenberg hingerichtet, weil ihnen unterstellt nicht aber nachgewiesen wurde, sie hätten Informationen über das amerikanische Atomprogramm an den KGB weitergeleitet.

Ähnliche falsche Unterstellungen scheinen zum Grundprinzip amerikanischer Politik zu gehören, um einen Krieg beginnen zu können. Vietnam, Irak und Libyen seien nur als Beispiele genannt. Nicht eines dieser Länder haben die USA als Sieger verlassen, wohl aber ein Chaos hinterlassen. Der ehemalige Präsident George W. Bush hat all diese Kriege zu verantworten und muss sich deshalb die Bezeichnung *Kriegsverbrecher* gefallen lassen. Wegen solcher und ähnlicher Verbrechen wurden und werden andere Staatsoberhäupter zur Verantwortung gezogen. Dieser jedoch geniest ungestraft die Freiheit!

Einer der Vorsitzenden des sowjetischen Geheimdienstes war Felix Dserschinski. Nach ihm benannte man in der DDR auch die Truppenteile, die dem Ministerium für Staatssicherheit unterstellt waren. Zu erkennen war diese Gattung an den roten Schulterstücken und an dem schmalen Band am linken Ärmel der Uniformjacke mit dem Schriftzug „Felix Dserschinski". Im Land Brandenburg – damals Bezirk Potsdam – befand sich eine größere Einheit dieser Gattung in Potsdam-Eiche.

Chef des russischen Geheimdienstes in der DDR war kurze Zeit Wladimir Putin.

Um das KGB in Moskau besuchen zu können, sind schon einflussreiche Kontakte nötig. Für stolze 700 Rubel führt der Museumsdirektor persönlich die Gäste durch die Räume. Die Ausstellungsstücke sollen darstellen, mit welchen Methoden und Werkzeugen die Geheimdienste teilweise noch heute arbeiten.

Zu DDR-Zeiten gab es auch in Berlin ein solches Museum, meint der Direktor. Das sei aber nach der Wende geschlossen worden. Er bedauere das sehr, zumal allgemein bekannt ist, dass es einen Geheimdienst oder eine Staatssicherheit nicht nur in der Russischen Föderation und der Bundesrepublik Deutschland gäbe, sondern in fast jedem Land dieser Erde.

Deutsche Medien über Russland

Es hat den Anschein, als hätten einige in der Russischen Föderation akkreditierte westliche Journalisten ihren Beruf verfehlt. Diese Kollegen sehen vermutlich ihre Hauptaufgabe darin, negative Nachrichten über dieses Land zu verbreiten. Finden sie aktuell nichts Negatives, dann ist wieder einmal der angeblich übermäßige Alkoholgenuss der Russen ein Thema und stützt sich dabei, wie kann es auch anders sein, auf Untersuchungen amerikanischer Institute. So klagt ein Hörfunkjournalist, ebenfalls hier akkreditiert, dass er gerne über etwas Positives berichten würde aber leider habe er in fünf Jahren (!) nichts finden können. Da frage ich mich, worin dieser Mann den Sinn seines Aufenthaltes in Russland sieht! Auch von den westlichen Journalisten muss erwartet werden, dass sie sich hinreichend vor der Aufnahme einer Tätigkeit hier mit der russischen Gesellschaft vertraut machen. Mit einer anhaltenden negativen Berichterstattung macht man Stimmung gegen dieses Land. Professionell ist das sicher nicht. Nun ist Gorbatschow nicht gerade mein Freund. Aber in einem langen Brief an die deutschen Medien im April 2008 ragt ein Satz heraus, der zu diesem Thema passt: **„Ich glaube, dass man in einem Land, für das man weder Liebe noch Respekt empfindet, besser nicht als Korrespondent arbeiten sollte."** Recht hat er, wenn auch nur in diesem speziellen Fall!

Graffiti-„Kunst" haben die Moskauer jungen Leute von ihren Gleichaltrigen in Deutschland noch nicht gelernt. Zum Glück! Ich habe diese „Kunst" noch in keinem öffentlichen WC oder an Gebäuden „bewundern" dürfen. So gibt es in jedem Land Positives und Negatives. Vielleicht ist es schade, dass beim Sex die Machart immer die gleiche ist, egal in welchem Land.

„Sie" und „Du" – Anreden, wie sie in vielen Ländern üblich sind, mit dem Unterschied, dass man sich in Russland meistens mit dem Vornamen anspricht. Auch beim Arzt oder bei Behörden. Dieser Tatsache war sich wohl der ehemalige Bundeskanzler Gerhard Schröder nicht bewusst. Als ihn nämlich Wladimir Putin mit „Gerhard" ansprach, wertete es dieser als Angebot zum Du. Und so kam es zum Duzen beider Politiker – angeblich ohne Wodka.

Eheschließungen und Scheidungen sind in Deutschland mit hohem bürokratischem Aufwand verbunden. Auch oder vor allem finanziell. Deutschlands Bürokraten sollten bei ihren Kollegen in Moskau in die Lehre gehen. Ich empfand es schon immer als anmaßend, dass eine Behörde über die Ehefähigkeit eines mündigen Bürgers entscheidet. Der Bürger muss die Behörde bitten, heiraten zu dürfen. Dazu gibt es „natürlich" einen großen Fragebogen und „natürlich" ist das nicht kostenlos. In Russland und anderswo genügen der Personalausweis und das Scheidungsurteil. Ähnlich ist es bei einer Scheidung. Sofern zwischen beiden Partnern Einigkeit besteht, es keine vermögensrechtlichen oder andere Probleme gibt, scheidet das für den Wohnsitz zuständige Standesamt die Ehe. Nach Beantwortung einiger Fragen, gilt die Ehe nach vier Wochen als geschieden. Natürlich geht das ohne ein so genanntes Trennungsjahr und natürlich ohne Anwalt. Dieser „Spaß" kostet in Moskau 200 Rubel

– und in Deutschland?

Musik mit kultureller Umrahmung gibt es in Russland in den Abendstunden in jedem Restaurant und in jeder noch so kleinen Kneipe. Auch am Tage, insbesondere an Feiertagen, wird auf vielen öffentlichen Plätzen musiziert und getanzt. Weder in Deutschland, Tschechien, Polen, noch in Lettland habe ich solch eine Stimmung erlebt.

Wahrsagen. Viele Frauen gibt es hier, die wahr sagen. Na ja, die meinen wahr sagen zu können. Ich bin weit davon entfernt, nur einen Bruchteil von dem zu glauben. Aus persönlichem Interesse besuchte ich die Wahrsagerin Valentina Schilowa in dem kleinen Ort Osery. Mit 67 Jahren ist sie wohl die Jüngste ihrer Zunft. Früher war sie Melkerin in einer Kolchose. Nach der russischen Wende wurde sie eben mal so Wahrsagerin. Alle Türen ihrer kleinen Wohnung stehen immer offen, das heißt, sie sind nur angelehnt. So auch die Tür zum „Behandlungszimmer" – der Küche. Die vielen Wartenden im engen Korridor können alle Gespräche mit anhören. Keinen stört das.

Aberglaube. In Moskaus Metrostation „Platz der Revolution" befinden sich, ganz in Bronze gegossen, ein Grenzsoldat und an seiner Seite ein Schäferhund. An der Nase des Hundes reiben sich täglich viele Menschen, in dem Glauben, dass dies Glück für den nächsten Tag bringt. Studenten meinen, durch die Berührung der Hundenase die schwierigste Klausur zu bestehen. Es wundert mich nicht, dass in russischen Zeitungen und Zeitschriften Anzeigen angeblicher Wunderheiler, Hellseher und Magier in großer Aufmachung zu finden sind. Dazu gehören natürlich auch

Horoskope. Das Meinungsforschungsinstitut WZIOM hat festgestellt, dass jeder vierte Russe an ein Omen glaubt. Dazu gehören zerschlagene Spiegel, verschüttetes Salz und schwarze Katzen. Fällt ein Messer vom Tisch oder eine Gabel, wird ein unfreundlicher Besuch erwartet. Um einen solchen Gast fernzuhalten, muss auf den Fußboden geklopft werden, dazu wird laut „bleib zu Hause" gerufen. Das Pfeifen in einer fremden Wohnung sollte jeder Gast vermeiden, denn das bedeutet den Bankrott des Hausherren. Vor dem Antritt einer Reise soll man sich unbedingt noch einmal einige Minuten setzen, damit das Ziel unbeschadet erreicht wird. Auch die russischen Autofahrer legen mehr Wert auf Ikonen am Armaturenbrett als auf den Sicherheitsgurt. Das soll mit eine Ursache für viele Verkehrsunfälle sein.

GUM ist Russlands größtes Kaufhaus. Seinen Bau veranlasste Zar Nikolaus II. Eröffnet wurde der riesige Komplex als Handelszentrum 1893. Als Weltwunder sollte damit das aufstrebende Russland repräsentiert werden.

Der Rote Platz in Moskau gilt für viele Russen als ein mythischer Ort. Viele Menschen reisen oft mehrere tausend Kilometer, um einmal über das berühmte Pflaster zu schlendern.
Ich glaube bemerkt zu haben, dass russische Touristen den Roten Platz interessierter betrachten als die aus Deutschland und den anderen westlichen Ländern.

Flughäfen in Moskau. Von Moskau nach Deutschland und umgekehrt sind es etwa zweieinhalb Flugstunden. Jeder der es möchte und über leider noch erforderlichen Ein- und Ausreisegenehmigungen verfügt, kann also in kurzer Zeit von dem einen Land in das andere gelangen. Eine solche Reise mit dem Zug ist natürlich viel interessanter aber umständlicher, vor allem, weil zusätzlich ein Transitvisum für Weißrussland nötig ist. Ermunternd ist vielleicht, dass die russische Aeroflot in Richtung Deutschland ausschließlich westliches Fluggerät einsetzt.

Von den fünf Flughäfen in Moskau sind die bekanntesten, weil international, Scheremetjewo 1 und 2 und Domodedowo. Scheremetjewo 1 wurde 1959 als internationaler Flughafen in Betrieb genommen. Zur Olympiade 1980 wurde Schermetjewo 2 eröffnet.

Für die 30 Kilometer bis zur Innenstadt muss wegen des hohen Verkehrsaufkommens mit mindestens einer Autostunde gerechnet werden. Domodedowo ist der am weitesten von Moskaus Zentrum entfernte Flughafen, ist aber der Modernste, was die Abfertigungsbereiche, die Wartehallen und den Service betrifft. Hier können auch die günstigsten Direktflüge von und nach Deutschland erworben werden. Domodedowo ist von meiner Wohnung am schnellsten erreichbar. Nicht nur deshalb wird er von mir bevorzugt. Als Neu-Moskauer bin ich schon etwas stolz auf diesen Flughafen.

Weltwirtschaftsgipfel 2009, Davos. Deutsche Medien, auch die in Russland, berichten wenig über das Auftreten Putins, der die Eröffnungsrede hielt. Und wenn, dann scheint es www.welt.de wichtig zu sein, den Lesern mitzuteilen, dass Putins Redenschreiber Tee aus Pappbechern tranken. Bemerkenswert die Beobachtungsgabe der Online-Radakteure, die in der Eröffnungsrede Putins eine „russische Bescheidenheit" entdeckt haben wollen. So ist denen offensichtlich entgangen, dass der russische Regierungschef erklärte: *„Es ist nicht nötig, uns zu helfen, wir sind keine Invaliden"* (нам мы не инвалиды) und *«Lasst uns als Freunde leben" не нужно помогать, (Ребята, даваите жить дружно)*. Ein Glück für Interessierte in Russland, dass es hier Medien gibt, die über Putins Auftreten in Davos ausführlich berichteten. Damit meine ich nicht die deutschsprachigen Medien in Moskau.

Kevin Kabumoto ist amerikanischer Presseattache. Rein zufällig ergab sich ein Gespräch während einer Pressekonferenz. Er spricht ein gutes Russisch und auch Deutsch. Auf seine Frage, weshalb die Russen die Amerikaner nicht mögen – das sei ein Grund, weshalb er demnächst Moskau verlassen werde – gab ich ihm zu verstehen, weil aus Amerika nur die „besten" Nachrichten kommen. Damit endete unsere kurze Unterhaltung.

Die Moskauer Untergrundbahn, die METRO wurde 1935 eröffnet. Sie ist das wichtigste Nahverkehrsmittel der Hauptstadt. Täglich werden über neun Millionen Passagiere befördert. Das bedeutet, die Metro befördert mehr Menschen als jede andere Untergrundbahn der Welt. Für Touristen ist eine Besichtigung des riesigen Bauwerkes ein idealer Zeitvertreib. Täglich zwischen 8.00 und 9.30 Uhr und im Feierabendverkehr, den Hauptverkehrszeiten, entstehen in den Umsteigetunnels lange Staus und in den Zügen wird gedrängelt was das Zeug hält.

Keine Station gleicht der anderen. Palastartige Bahnhöfe, weitläufige große Räume mit verzierten Kronleuchtern und mosaikgeschmückte riesige Hallen machen die Metro zur Einmaligkeit. Das System ist relativ einfach aufgebaut und zu verstehen. So ist jeder Linie eine Farbe zugeordnet. Rund um das Zentrum führt die Kreislinie, die „Koltsewaja Linea", von der ein Umsteigen auf eine andere Linie möglich ist. Die Metro besteht aus elf Linien, mit einer Länge von insgesamt 262 Kilometern und 161 Stationen. 9287 Waggons stehen zur Verfügung. Lange Rolltreppen führen bis zu 80 Meter in die Tiefe. So gelangt man auch zu den unterirdischen Museen. Bei der Benutzung der Rolltreppe gilt die Devise: rechts gehen, links stehen. Die Rolltreppen sind für europäische Verhältnisse sehr schnell. Die Preise sind im Vergleich zu denen in Berlin sehr niedrig. Etwa 40 Cent kostet ein Einzelfahrschein, der für eine beliebig lange Fahrt gilt und auch das Umsteigen ist beliebig oft möglich. Das sind die sehenswertesten Stationen:

Beleruskaja Diese Station befindet sich unter dem Weißrussischen Bahnhof, von dem die Züge nach Deutschland und anderen Ländern abfahren. Beeindruckend ist das monumentale Partisanen-Denkmal. Bilder an der Decke zeigen das idyllische weißrussische Landleben.

Kiewskaja Unter dem Kiewer Bahnhof gelegen, dokumentieren Arkaden und Mosaike die Freundschaft zwischen Russland und der Ukraine. Anschaulich dargestellt ist der Anschluss der Ukraine an das Russische Reich und die Befreiung Kiews im 2. Weltkrieg.

Majakowskaja Kuppelmosaike zeigen die sowjetische Luftfahrt in 35 verschiedenen Darstellungen. In dieser Station, die nach dem russischen Dichter Wladimir W. Majakowski benannt wurde, hielt Stalin seine berühmte Rede vor dem Obersten Sowjet, als die deutschen Truppen auf Moskau vorrückten.

Komsomolskaja Das ist eine sehr beeindruckende Station. Sie wurde nach dem 1918 gegründeten kommunistischen Jugendverband benannt. Marmorverkleidete Pfeiler und riesige Kronleuchter zieren die Station.

Park Pobjedy Auf Deutsch: Park des Sieges. Als eine der Neuen wurde diese Station 2003 eröffnet. Sie befindet sich 80 Meter unter der Erde. Von hier führen die längsten Rolltreppen Moskaus zum Siegespark, der zentralen Moskauer Weltkriegs-Gedenkstätte.

Ploschad Revoluzii Das Thema dieser Station ist die Oktoberrevolution. 40 Bögen, aus Bronze gegossene Helden der Revolution, ein knieender Soldat mit einem Gewehr, die Besatzung des Panzerkreuzers „Aurora" und eine Mutter mit Kind zieren die Station sehr beeindruckend.

Die Zarenresidenz Zarizino. Diese ehemalige Zarenresidenz zählt zu den größten und wichtigsten Sehenswürdigkeiten im Süden Moskaus. Nach jahrelangen Restaurierungsarbeiten entstand ein riesiger Museums- und Ausstellungskomplex. 34 Objekte wurden restauriert und zum 860. Geburtstag der Stadt eingeweiht. Während einer Besichtigung durfte ich erstmalig den vor allem bei den Rentnern beliebten Moskauer Bürgermeister Jurij Luschkow persönlich begrüßen. Luschkow verdanken die Rentner vor allem, dass sie kostenfrei krankenversichert sind.

Die Moskauer Stadtduma behandelte ein offenbar für sie wichtiges Thema: Sex. Wie zu Großmutters Zeiten, beschlossen und starteten die Parlamentarier tatsächlich eine Informationskampagne, die sexuelle Enthaltsamkeit vor der Ehe propagiert. Hauptargumente sind ungewollte Schwangerschaft und die Gefahr von Geschlechtskrankheiten. Jungfräulich in die Ehe – das gibt es doch nur noch in streng gläubigen Familien und eben solchen Ländern. Den Abgeordneten das Prädikat „lebensfremd" zu verleihen, ist da sehr zurückhaltend, zumal im Ergebnis einer Untersuchung nachgewiesen wurde, dass bereits 65 Prozent der 15- bis 19-Jährigen und fast 100 Prozent der 20- bis 24-Jährigen die „schönste Sache der Welt" (nicht Nebensache!) praktizieren. Die Wenigsten dieser letztgenannten Altersgruppe dürften verheiratet sein.

Keinen Regen gibt es in Moskau an Staatsfeiertagen! Seit über 20 Jahren werden an diesen besonderen Tagen Flugzeuge der Luftstreitkräfte in die Wolken geschickt, dirigiert von Meteorologen. Mit Kohlensäure und flüssigem Stickstoff verjagen sie drohenden Niederschlag. Diese von Russland entwickelte Technologie wird nur in wenigen Ländern angewandt, selbst in den USA nur begrenzt.

Der Nowodewitschi-Friedhof ist, wie eigentlich jeder andere in Russland, eher eine Besuchsstätte, weniger ein Ort des stillen Gedenkens. Hier aber sind namhafte Persönlichkeiten begraben. Für 200 Rubel findet man schnell eine Person, die sich auf dem riesigen Gelände auskennt und weiß wer wo begraben ist. So zum Beispiel: Die Flugzeugkonstrukteure Sergeij Illjuschin (1894 – 1977) und andrej Tupolew (1888 – 1972), die Schriftsteller Nikolai Gogol (1809 – 1853) und Michail Bulgakow (1891 – 1940). Begraben sind hier auch Nikita Chruschtschow (1894 – 1971) und die Ehefrau von Michail Gorbatschow, Raissa (1932 – 1999). Letztere hat ihren Platz in unmittelbarer Nähe des Einganges zum Friedhof. Es ist eine großzügig angelegte Grabstätte mit pompösem Grabstein. Ebenso großzügig angelegt ist die Stelle, an der sich das Grab von Dmitri Uljanow befindet. Es wird vermutet, dass hier eines Tages auch sein Bruder, Iljitsch Lenin, seinen Platz findet. Schon lange streiten sich die Duma-Abgeordneten über die Verlegung Lenins vom stark besuchten Mausoleum zu diesem Friedhof. Der Präsident der Kalmykischen Republik, Kirsan Jljumschinow, hat für die Verlegung der Leiche Lenins, einschließlich Mausoleum, nach Elista, der Hauptstadt Kalmykiens, eine Million Dollar geboten.

Die Klinik „Botkina" Wegen gesundheitlicher Probleme wurde ich in die Klinik „Botkina" eingewiesen. Die Einlieferung war aber erst nach vielen Telefonaten der Bereitschaftsärztin möglich. Nur diese eine Klinik erklärte sich bereit, mich, einen Deutschen, aufzunehmen.
In Moskau ist es so, dass Krankenfahrzeugen auch mit Sondersignal keine Vorfahrt eingeräumt wird. Leider. Auch an der roten Ampel hält das Fahrzeug der „Schnellen medizinischen Hilfe" brav und wartet auf Grün.
In der Aufnahme der Klinik entscheidet ein Arzt endgültig ob eine stationäre Behandlung nötig ist.

Hier endet auch die Diskretion. Im notdürftig ausgestatteten Raum warten stehend, liegend oder sitzend mehrere Patienten, die, wie ich, mit dem Krankenwagen und einem Notarzt eingeliefert wurden. Der Aufnahmearzt benötigt für jeden Patienten nur etwa fünf Minuten für ein Frage-Antwort-Gespräch, aber weitere zwanzig Minuten für den Papierkram. Keinem Arzt ist ein Grinsen oder gar ein Lächeln zu entlocken, sie machen einen gestressten Eindruck. Nach wohl zwei Stunden landete ich endlich in der chirurgischen Abteilung, Zimmer 207. Schlecht gewaschene und schadhafte Bettwäsche und Aufleger mit alten Blutflecken – so mein Bett! Uralte, wacklige, schmutzige und nicht verschließbare Nachtschränke unterschiedlicher Bauart wirkten nicht gerade einladend. Keine Schränke für die Garderobe. Zu jedem Bett gehört ein Stuhl. Über jedem zweiten Bett ist an der Wand eine Lampe angebracht. Diese Lampen sind mit Zeitungspapier abgedeckt. Wohl wegen der Sonne ist die obere Hälfte der schmutzigen, gardinenlosen Fenster ebenfalls mit Zeitungen beklebt. Für die 50 Patienten der Station stehen zwei Toilettenräume zur Verfügung, die von beiden Geschlechtern genutzt werden. Die Eingangstüren zu den 40 Meter entfernten zwei WC sind ständig geöffnet und deshalb leicht zu finden. Verlässt ein Patient das Zimmer mit einer Zeitung und einem Toilettendeckel unter dem Arm, weiß jeder: der muss mal. Zum Spülen muss an der Glocke im offenen Spülkasten gezogen werden. Ich hatte in der Eile Handtücher vergessen, aber da konnte auch das Personal nicht helfen, denn diese, wie auch Essbesteck, Trinkgefäß, WC-Papier und Hilfsmittel wie Verbandsbinden, muss jeder Patient mitbringen. Immerhin gibt es auf der Station ein

Bad. Auf die Benutzung habe ich nach einer Inaugenscheinnahme verzichtet. Das Essen zu den drei Mahlzeiten muss am Schalter im Speiseraum abgeholt werden. Die Essenausgeberin nimmt mit bloßen Händen Brot, Käse und Würfelzucker aus einem Gefäß und übergibt alles dem Patienten. So wandert eben die unverpackte Ration von einer nackten Hand in die andere. Die Putzfrau also ist nicht nur Reinigungskraft, ihre Qualifikation erlaubt es offenbar, dass sie zeitweise als Essenausgeberin fungiert.

In dieser Klinik wurde auch W.I. Lenin behandelt. (darf ich mir jetzt etwas einbilden?).

Valentinstag ade. Wie in Deutschland, so wird auch hier mehr als nötig aus England und Amerika importiert. So auch der Valentinstag. Der Kirche gilt dieser Tag als zu verwestlicht. Als russisch-orthodoxe Antwort auf diesen Westimport, gibt es in Russland den „Tag der Verliebten". In Moskau werden seit einigen Jahren Veranstaltungen durchgeführt, um diesen neuen russischen Tag bekannt zu machen. Paare, die mehr als 25 Jahre zusammen sind, werden feierlich empfangen und geehrt. Vor einiger Zeit wurde eine aus Bronze besonders geformte Sitzbank eingeweiht, auf der sich zerstrittene Paare aussprechen sollen. Diese „Bank der Versöhnung" soll sogar schlichtende Eigenschaften besitzen. Der Leiter des Moskauer Touristenkomitees, Grigori Antjufojew, behauptete bei der Einweihung scherzhaft: „Mit Hilfe modernster Technologie russischer Wissenschaftler, wurden bei der Bearbeitung Stoffe verwendet, die auf Paare versöhnlich wirken." Immerhin, die Konstruktion der Bank sorgt dafür, dass Streitende beim Platznehmen zusammenrücken müssen. In der Mitte ist die Bank nämlich tiefer als außen.

Ich vermisse meine russischen Freunde und Kollegen. In Erinnerung bleiben werden die vielen Zusammenkünfte mit den Vertretern der Regierung, die das riesige Land mit den gefühlt besten Menschen dieser Erde führen. Ich vermisse Moskau, diese herrliche Stadt, in die ich wohl nie wieder zurückkehren werde.

Berlin 2010 bis 2012

Nach über vier Jahren russischer Ehe, dann die Scheidung. Ich ging diese Ehe ein weil ich keine andere Möglichkeit sah, um schnell nach Moskau zu können. Es war also keine Liebesheirat. Nach einer Scheidung verliert man als Ausländer in Russland schnell alle Freunde. Deshalb sah ich mich genötigt, das Land möglichst schnell wieder zu verlassen. Gegen den Rat der Botschaft. Mit dankbarer Hilfe meines lieben Sohnes Jan, gelang mir das auch kurzfristig und so landete ich in Berlin-Spandau.

Alles neu für mich. Mir war, als käme ich von einem anderen Stern: Das Geld, die Preise, die nicht kundenfreundlichen Öffnungszeiten der Kaufhäuser, sehr viel Menschen mit einer mir unbekannten Sprache. Es fiel mir schwer, mein Vaterland wiederzuerkennen.
Einem nicht gerade kontaktfreudigen Menschen, ist der Besuch einer Gaststätte oder ähnlichen Einrichtung zu empfehlen. Sehr schnell aber

musste ich feststellen, dass sich ein Normalsterblicher diesen Luxus nicht oft leisten kann.

Die Suche nach einer deutschen Gaststätte habe ich aufgegeben. Überwiegend Türken scheinen in Berlin diesen Markt zu beherrschen. Das türkische Personal ist freundlich, besitzt jedoch einen deutschen Wortschatz, der gerade ausreicht, das Angebotene zu verkaufen. Auch scheint man am Erlernen der deutschen Sprache nicht sonderlich interessiert zu sein. Ich hatte das Glück, mit dem wohl ältesten im Stadtteil Spandau lebenden Türken zu sprechen. Über achtzig Jahre ist er alt und lebt seit mehr als fünfzig Jahren in Berlin. Sein Deutsch aber ist schlicht unmöglich! In diesem Zusammenhang fällt mir Theo Sarrazin ein, der mit seinem Buch „Deutschland schafft sich ab" versucht, den Politikern die Augen zu öffnen.

Mit dem Verkauf türkischer Döner und den in jeder Dönerbude vorhandenen Spielautomaten – die die eigentlichen Gewinnbringer sind – erwirtschaften die Betreiber einen nicht unbedeutenden Gewinn. Man wird den Verdacht nicht los, dass die dort Beschäftigten auch Arbeitslosengeld beziehen, sofern sie sich überhaupt rechtmäßig in Deutschland aufhalten.

Hygiene ist in vielen dieser Dönerbuden ein Fremdwort. Die zuständigen Ämter scheint das nicht sonderlich zu interessieren.

Lobenswert, weil unbürokratisch, ist in Deutschland die Arbeitsmöglichkeit für Journalisten. So ist zum Beispiel die Teilnahme an Gerichtsverhandlungen problemlos möglich.

Einen Termin bei einem Arzt zu bekommen ist für einen Neuling schwierig. Eine Wartezeit von

drei Monaten ist keine Seltenheit. Mehrere Male bekam ich die Antwort, neue Patienten werden nicht angenommen oder eine Terminvergabe sei vorrübergehend nicht möglich.
Unglaublich aber wahr: Lt. Google gibt es in Deutschland 118 Krankenkassen!

In Gaststätten, in denen auch Speisen angeboten werden, ist das Rauchen verboten. Das bedeutet, dass es in Raucherkneipen kein Essen gibt. Offiziell. Das war sicher eine Wodka-Idee der Regierenden. Also sitzen dort überwiegend Rauchende, die trinken bis sie „voll" sind. Für einen, der viele Jahre in anderen Ländern Europas gelebt hat, ist das unvorstellbar: Alkohol ohne etwas Essbarem! Besser wäre doch, das Rauchen in sämtlichen Gaststätten und ihnen Gleichgestellten generell zu untersagen. In anderen Ländern Europas klappt das.

Nazis dürfen demonstrieren. Sogar unter Polizeischutz. Auch dürfen sie ungestraft öffentlich für den Kriegsverbrecher Rudolf Heß ihre Sympathie bekunden. Solches und Ähnliches habe ich in anderen Ländern nicht erlebt, ist auch unvorstellbar!

Zu meiner Bestürzung muss ich zur Kenntnis nehmen, dass amerikanische Atomausrüstungen immer noch in Deutschland lagern. Auch sonst scheint sich Amerika als Besatzungsmacht zu fühlen. Weshalb sollen da Nazis nicht demonstrieren dürfen, zumal in einem Land, das sich immer mehr an Kriegen beteiligt. Die Beteiligung an fast allen Kriegen auf dieser Erde begründet eigentlich die Umbenennung des

Verteidigungsministeriums in Kriegsministerium, denn es gibt nichts zu verteidigen.

Winter in Berlin – jedes Jahr scheint man ihn in der deutschen Hauptstadt neu zu entdecken, deshalb man auch nicht vorbereitet ist. Und so kommt es, dass Flüge ausfallen, Flughäfen sogar geschlossen werden müssen. Züge, einschließlich S- und U-Bahnen, haben Probleme mit der Heizung oder fallen ganz aus. Bei zwei Zentimeter Schnee und zwei Grad unter null sprach ein natürlich diplomierter Fernseh-Wettermensch von „sibirischer Kälte" und von „Schneemassen", die Deutschland „heimgesucht" hätten. ...Berlin - eine Weltstadt? Nein, da fehlen noch einige Meilen! Weder in Moskau noch in anderen Städten Europas habe ich so etwas erlebt, vielleicht, weil man dort den Winter schon länger kennt, ihn also nicht jedes Jahr neu entdecken muss.

Millionäre in Deutschland. Da gibt es Ärzte, Pastoren und sogar Mönche – sie alle gaben ihre eigentlich dem Allgemeinwohl dienende Tätigkeit auf und arbeiten beim Fernsehen als Moderatoren oder Pausenclown. Ausschließlich Geld war der Grund des Wechsels, was denn sonst. Nicht nur mit diesen Personen verliert das deutsche Fernsehen an Qualität. Ausrangierte Spitzensportler stehen Profireportern als so genannte Experten zur Seite. Das zeugt vielleicht vom Unvermögen Reporter oder man findet keine sinnvolle Verwendung um die Zwangsgebühren zu verbraten. Fernsehmoderatoren erhöhen ihr Vermögen durch primitive Werbung. Gute Fußballer aus dem Ausland werden mit Geld gelockt. Schon lange kann von einer Nationalmannschaft im deutschen Fußball nicht die

Rede sein. Recht hat ein deutscher CDU-Politiker, der meinte, der Bundestag habe die einzige wirkliche Fußball-Nationalmannschaft. Die Regierenden sorgen dafür, dass die Zahl der Bedürftigen steigt, ebenso die der Millionäre. Laut Google hat sich die Zahl der Millionäre in Deutschland im Jahre 2015 auf 1.015 Millionen erhöht. Eine goldene Nase ergaunern sich Rechtsanwälte, die sich auf Hartz IV spezialisiert haben: Gerne erheben sie Einspruch auf Bescheide von den Arbeitsämtern an die Arbeitslosen. Die Belohnung für ihren Dienst übernimmt nämlich der Staat, selbst dann, wenn es gerichtlicher Entscheidungen bedarf, unabhängig vom Ausgang. Analog trifft das auch auf Asylbewerber zu.

Gierige Ramscher sind in Deutschland auch die gewählten Volksvertreter im Bundestag und im Europaparlament. Kein Arbeitnehmer hat die Möglichkeit, sein Einkommen selbst zu bestimmen. Anders die „Volksvertreter". Sie erhöhen ihre Diäten in festgelegten regelmäßigen Abständen um mindestens 200 Euro. Sie fragen nicht woher das Geld kommt. Geht es aber darum, das Arbeitslosengeld um wenige Euro zu erhöhen, wird viele Wochen gestritten. Einige dieser „Volksvertreter" rühmen sich selbst öffentlich, dass sie zwanzig und mehr Jahre dem Bundestag oder dem Europaparlament angehören. Tatsache ist doch, dass diese Dauerparlamentarier das wirkliche Leben nicht mehr kennen, keinerlei Beziehungen zur Wirklichkeit haben. Es ist allerhöchste Zeit, die Mitgliedschaft in einem Parlament zu begrenzen!

Volksvertreter im Bundestag glänzen oft mit Abwesenheit. Leere Sitzreihen, nicht nur einzelne Plätze, beweisen das. Oft sitzen mehr Besucher auf den Rängen als Parlamentarier im Saal. Der Saal füllt sich erst, wenn es um Abstimmungen geht. Überhaupt scheinen die vom Volk gewählten Abgeordneten des Bundestages an Beratungen nicht sonderlich interessiert zu sein. Sehr viele beschäftigen sich mit ihrem Handy, dem Laptop oder dem Tablet. Anwesende Vertreter der Regierung haben oft Stapel von Akten vor sich und vertiefen sich darin.
Eigentlich unverständlich: Auch in diesem Zeitalter verzichtet der Bundestag nicht auf Protokollanten oder Stenografen.

Verunstaltung der deutschen Sprache. Nicht genug damit, dass vor allem Medien in Deutschland versuchen die deutsche Sprache zu verdrängen, sorgen in der Öffentlichkeit Stehende für eine Verunstaltung ihrer eigenen Muttersprache. Wenige Beispiele:
Eine Moderatorin meint, sie sei schon viele Jahre mit dem „gleichen" Mann verheiratet. Na toll, aber sie meinte natürlich mit dem „selben" Mann.
Ein Freund bittet seinen Kumpel, er möge doch mal „vorbei" kommen. Wirklich nur „vorbei"?
Oder „auf" das Zimmer gehen. Das hängt von der Bauweise ab ob es begehbar ist.
Einer der viel zu vielen Fernsehköche sagte, er habe sich „wahnsinnig tot" gelacht. Nach meinen Informationen lebt er noch, aber wahnsinnig?
Auch „Glühbirnen" gibt es in Wirklichkeit nicht, wohl aber Glühlampen, die nicht „brennen", wohl aber leuchten oder glühen.

Ist ein Lift oder Aufzug gemeint, sollte auch nicht von einem „Fahrstuhl" gesprochen oder geschrieben werden.

Oft zu sehen ist der Hinweis auf ein „WC", also auf ein Wasserklosett. Solche waren zu Kaisers Zeiten eine Seltenheit, aber jetzt? Gibt es eigentlich auch ein „TC"?

Wohl vor 100 Jahren sprach man von einem „Kämmerer", der eine Summe „eingestellt" hat. Aber in diesem Zeitalter? In Wirklichkeit ist ein Finanzmensch gemeint, der eine Summe eingeplant aber doch nicht eingestellt hat.

Das deutsche Fernsehen verkündet, einem Sportler sei für einen „bestimmten Zeitraum" eine Drogensperre erteilt worden. Das heißt, nur während dieser festgelegten Zeit darf er keine Drogen konsumieren, oder?

Eine Apotheke will auf sich aufmerksam machen und wirbt mit dem Spruch: „**Für** jede Krankheit ist ein Kraut gewachsen." Also wenn schon, dann nehme ich ein Kraut **gegen** eine Krankheit.

Auf einigen riesigen Plakaten ist zu lesen: **Sale 0%** und auf einem anderen: **PoepleFoto**. So haben viele Bürger in Deutschland Probleme mit der eigenen Muttersprache und nutzen dann oft ein falsches Englisch oder ein so genanntes Denglisch. Es gibt Fernsehleute, die bezeichnen dieses Mischmasch als Neudeutsch.

Auf meine Kritik im Umgang mit der deutschen Sprache, räumte das Zweite Deutsche Fernsehen (ZDF) erklärend ein, dass es „Ungenauigkeiten und Verzerrungen der Sprache" gäbe, die aber „unter dem Eindruck der Tagesaktualität und dem damit verbundenen Zeitdruck nicht immer zur Perfektion" führten. Ich aber meine, Hauptursache ist eindeutig mangelndes Wissen. Zugegeben werden muss aber auch, dass die zwei Reformen der deutschen Sprache die Probleme vermehrt anstatt gemindert haben.

Vielleicht ist es auch gut, dass die Moderatoren im deutschen Fernsehen immer einen Stapel Karten in den Händen halten, so können sie zum Beispiel immer ablesen, wen sie als nächsten Gast begrüßen müssen. Das ist eine primitive Gedächtnisstütze, wenn eigenes Denken nicht ausreicht. Vielleicht benutzen auch bald Schauspieler ein solches Hilfsmittel.

Riga 2012 bis 2015

Die Hoffnung auf eine neue berufliche und private Herausforderung verschlug mich nach Lettland. Erst später und damit zu spät musste ich zu meinem Leidwesen erfahren, dass der Rest der Welt an Informationen aus diesem Land kaum interessiert ist. Da halfen auch meine zahlreichen langjährigen in- und ausländischen Kontakte zu den Medien nicht.

In Vorbereitung meines Umzuges teilte mir die Rigaer Botschaft auf Anfrage mit, es würden in Lettland auch freie Journalisten akkreditiert. Diese Aussage erwies sich später als falsch! Um als Journalist in Lettland akkreditiert zu werden, sind unvergleichbar viele bürokratische Hürden zu überwinden. Es gibt auch keinerlei Unterstützung von den Mitarbeitern der Botschaft. Hilfe und vorbildliche Kontaktpflege zu den Journalisten gibt es offenbar nur in Russland, nicht jedoch in Lettland.

Ein altes deutsches Sprichwort sagt: Andere Länder, andere Sitten. Das stimmt, aber daran muss sich ein Deutscher erst gewöhnen. Eine Sitte, an die ich mich nicht gewöhnt habe und auch nicht gewöhnen werde ist, den Frauen nicht die Hand zu reichen. Wie in Russland, so gibt es diese Verachtung gegenüber den Frauen leider auch in Lettland. Das erinnert an den Umgang mit Frauen in der Türkei. Ich verachte diese Sitte und halte mich nicht daran!

Nicht ergründen konnte ich, weshalb sich viele Letten mit „Tschau (Ciao)" begrüßen, anstatt „Hallo" oder „Guten Tag".

Das russenfeindliche Lettland. Lettisch ist die alleinige Amtssprache in Lettland. Das entschieden die zugelassenen (!) Wähler 2012 in einem Referendum. Wahlberechtigt aber waren ausschließlich Letten, nicht die so genannten *Nichtbürger*. *Nichtbürger* ist amtslettisch und bezeichnet Bürger, die nicht die lettische Staatsbürgerschaft haben und das sind in der Mehrzahl Russen. Also sind Russen keine Bürger in Lettland? Doch, schon, aber ungern geduldet. Das Ergebnis des Referendums war also vorhersehbar und deshalb sinnlos! Diese Nichtbürger haben nicht nur kein Wahlrecht, sie dürfen auch kein öffentliches Amt, zum Beispiel bei der Polizei, bei der Post, im öffentlichen Dienst usw. bekleiden. Das ist zweifellos Diskriminierung und Ausgrenzung der mindestens 30 % Russen in Lettland und der fast 50 % in der Hauptstadt Riga! Die Folge der alleinigen lettischen Amtssprache ist u.a., dass in den Amtsstuben der Verwaltungen und Behörden, in Geschäften und in den öffentlichen Einrichtungen Lettisch dominiert. So haben nicht nur Nichtletten, sondern auch Besucher anderer Staaten, erhebliche Probleme mit der Verständigung.

Ein Beispiel der Russenfeindlichkeit: Der große Weihnachtsbaum vor den DOMINA-Passagen wird jährlich bereits vor dem 7. Januar entfernt, obwohl sicher bekannt ist, dass an diesem Tag das russische Weihnachtsfest begangen wird.

Von der EU wird die diskriminierende und russenfeindliche Praxis in Lettland nur verhalten kritisiert, anstatt energisch eine Abschaffung zu fordern. Bemerkenswert ist auch, dass von der deutschen Botschaft in Riga keinerlei Aktivitäten zu diesem wichtigen Problem ausgehen.

Die suggerierte russische Bedrohung scheint den Regierenden in Lettland wichtiger zu sein. Komisch nur ist – oder auch nicht – dass ich noch keinen Bürger in Lettland gefunden habe, der sich von dem ach so bösen Putin bedroht fühlt.

Lobenswertes gibt es natürlich auch in Lettland. So ist zum Beispiel an Feiertagen die Nutzung der öffentlichen Verkehrsmittel für alle Personen kostenlos. Nachahmenswert sind die Vergünstigungen für Rentner. Für sie sind die öffentlichen Verkehrsmittel an allen Tagen kostenlos. Auch gibt es Preisabschläge für die Handynutzung und das Internet.

Die Öffnungszeiten der Läden sind kundenfreundlich, sie ähneln denen in Russland. Ein Einkaufzentrum in Riga nennt sich DOMINA. Leider hat dieser bekannte Name mit Erotik keine Gemeinsamkeit.

Spielhallen scheinen nicht nur für die Betreiber, sondern auch für die Kommune ein einträgliches Geschäft zu sein. In meiner Straße gibt es auf 400 Meter gleich vier davon. Vor den Eingängen parken oft Fahrzeuge von hohem Wert. Geöffnet sind diese Geldbringer rund um die Uhr.

Polikliniken, wie ehemals in der DDR, gibt es viele in Lettland, natürlich auch in Russland. In diesen ist der Besuch eines Facharztes ohne lange Wartezeit möglich.

Zahnkliniken oder *Zahnarztpraxen* findet man in jeder Straße. Viele sind Tag und Nacht geöffnet, auch an Sonn- und Feiertagen.

Das Rauchverbot in Lettland ist lobenswertes Beispiel in Europa! Es gilt vor allem in kleinen wie in großen Wirtshäusern, auf Kinderspielplätzen, in Fahrzeugen aller Art, aber auch in Wohngebäuden, einschließlich der Wohnungen (!). Vor den Hauseingängen haben Raucher einen Abstand von zehn Metern einzuhalten, mit Schildern an den Eingangstüren wird darauf hingewiesen.

Wortkarg empfinde ich die lettischen Bürger. Vielleicht ist es auch ein wenig Sturheit. Begegnet man zum Beispiel einem Wohnungsnachbarn derselben Etage, gibt es keine Begrüßung. Sie sind aber sehr hilfsbereit, werden sie um eine Auskunft oder einen Rat gebeten.

Sehr wortkarg bis unfreundlich sind insbesondere die Kassiererinnen in den Kaufhäusern.

Interessante politische Ereignisse gibt es wenige in Riga. Auch der Besuch des deutschen Bundespräsidenten weckte nicht das von mir erwartete Interesse unter den Medien. Er reiste wie gewohnt mit seiner Freundin an. Am Ankunftstag gab es einen ungewohnt trockenen Empfang für die wohl 15 Journalisten, also ein engerer Kreis. Vorab wurde uns mitgeteilt, dass keine Fragen zugelassen sind. Also saßen wir dort und hörten uns das nicht enden wollende, kaum interessante Sprechen des Bundespräsidenten an.

Am nächsten Tag dann die angekündigte Pressekonferenz, gemeinsam mit dem lettischen Präsidenten. Zugelassen waren nur zwei Fragen. Zu Beginn sprach Gauck und teilte unter anderem mit, dass der lettische Präsident auch die deutsche Sprache gut beherrscht. Im Folgenden jedoch sprach der lettische Präsident ausschließlich Lettisch und das ohne Übersetzung! Der anwesende Dolmetscher übersetzte lediglich Gaucks Rede, also von Deutsch in Lettisch. Bemerkenswert: Im Palast des Präsidenten, dem Ort der Pressekonferenz, fehlte die Europafahne – ein Versäumnis oder Absicht?

Von einer Pressekonferenz habe ich andere Vorstellungen und Erfahrungen.

Ein negatives Beispiel: Wie in Deutschland, so dürfen auch hier Faschisten von der Polizei geschützt demonstrieren. Und das in Uniformen, die sie zur Hitlerzeit trugen.

In die urologische Klinik VSIA begab ich mich auf Empfehlung meines Hausarztes. Dem Urologen Dr. Geldners habe ich es zu verdanken, dass es bei mir auf Lebenszeit keine Probleme im Liebesleben geben wird.

Obwohl ich nur wenige Stunden nach dem operativen Eingriff in der Klinik bleiben musste, erfuhren deutsche Medizinstudenten von meiner Anwesenheit. Sie studieren in Lettland, weil an ein Medizinstudium in Deutschland höhere Maßstäbe gesetzt werden. So kam es, dass mich 20 Studenten in meinem kleinen Krankenzimmer besuchten. Die Gespräche waren hauptsächlich politischer Natur. So zum Beispiel auch über den

Sinn und Zweck eines deutschen
Bundespräsidenten.

*Lettland ist ein sehr schönes Land, Riga als
Weltkulturhauptstadt im Besonderen!*

Schwedt/Oder ab 2015

Dem Rat meiner Freunde und Bekannten,
insbesondere meiner Cousine Astrid, folgend,
habe ich das schöne Riga verlassen und meine
„Zelte" in Schwedt aufgeschlagen. Mit etwa 30.000
Einwohnern ist dieser kleine Ort eine der
saubersten und schönsten Städte – wenn nicht
sogar die einzige – Deutschlands.
Ungewohnt ist für mich, der ich in den letzten
Jahren hauptsächlich in Großstädten lebte, dass
am Nachmittag, also nach Feierabend und an
Sonn- und Feiertagen, redensartlich die
Bürgersteige hochgeklappt werden. Die
Öffnungszeiten der Geschäfte und Gaststätten
ähneln denen in Berlin, sind also nicht gerade
kundenfreundlich. Nur wenige Verkaufsstellen gibt
es, in denen mit einer EC- oder Visa-Card bezahlt
werden kann. Zwangsläufig werde ich an Moskau
und Riga erinnert, wo ich sogar am Kiosk an der
Straße ein Getränk oder Zigaretten mit einer
Geldkarte bezahlen darf.
Mein erster Besuch in einem Restaurant in
Schwedt war ein echtes Erlebnis. Zum Essen
bestellte ich gewohnheitsgemäß 100 Gramm
Wodka. Der deutsche Kellner und der
ausländische Chef schienen ratlos, weil sie nicht
wussten, wie viel cl 100 Gramm eines Getränkes

sind. Also musste ich beratend helfen. Alsdann wurde mir ein Plastikglas, das früher wohl als Senfbehälter diente, mit Wodka serviert. Hätten die zwei Geschäftsleute einen Befähigungsausweis besessen oder eine berufsbezogene Qualifikation gemacht, wie es in der DDR Pflicht war,…

Künstlerisch gestaltete Fassaden, viele gepflegte Parkanlagen, zahlreiche Spielplätze für Kinder, dazu saubere Straßen. All das fällt sofort auf, wenn ein „Neubürger" die Stadt erstmalig besucht.
Sonst lebt es sich hier wie in einem Sanatorium. Schade nur, dass in den zahlreichen Parkanlagen auch Radfahrer ihr Recht erklingeln dürfen. Es scheint nicht nur in Schwedt normal zu sein, dass Radfahrer auch Fußgängerwege ungestraft in beiden Richtungen benutzen.

Meine Wohnung befindet sich in unmittelbarer Nähe eines Sees, in der obersten Etage eines Wohnkomplexes.
Die deutschen Frauen sind nicht nur in Schwedt prüde, mimosenhaft und Sexmuffel und deshalb vielleicht auch oft untreu. Das sind keine neuen Erkenntnisse, immerhin hatte ich solche Erfahrungen längst gemacht. Da sind mir die Russinnen und Lettinnen willkommener, zumal sie als treu gelten.

Die Gaststätte „Zum Splitter" fand ich nach langem Suchen nach einer *deutschen* Gaststätte. Sehr sympathisch sind die Chefin Gabi und ihr Gatte Manny (die Schreibweise ist zwar falsch aber so gewünscht, sie soll wohl englisch klingen). Leider verdunkeln drei Plastikbäume mit ihren Ästen und Blättern den kleinen Gastraum – wohl ein Überbleibsel aus den Anfangsjahren der DDR. Schmackhaftes Essen, gepflegte Getränke und der hervorragende Umgang mit den meist Stammgästen sorgen für ein oft volles Haus.

Hier lernte ich auch den Schulkameraden von Angela Merkel kennen. „Koko" ist Rentner und wegen eines Geburtsfehlers und eines Schlaganfalls auf den Rollator angewiesen.

Uckermärkische Bühnen Schwedt nennt sich das große *Haus der Kultur* in der Berliner Straße. Es finden dort immer gut besucht die vielfältigsten Veranstaltungen statt. Herausragend der wunderbare künstlerisch gestaltete Gebäudekomplex.

Im oberen Teil der Frontansicht fällt ein Schriftzug auf: „IM OSTEN GEHT DIE SONNE AUF". Wohl absichtlich hat man auf die Vervollständigung der bekannten Aussage verzichtet: „...IM WESTEN GEHT SIE UNTER."

Bildverzeichnis Fotos des Autors

- Mit dem Zug in Berlin gelandet
- Russische Kunst aus Sand in Moskau
- Russische Kunst aus Sand in Moskau
- An Rigas Meer: Die Daugave (Düna). Am Ufer ein
„Goldsucher"
- Das Kaufhaus DOMINA
- Das Kaufhaus PRISMA
- Mein Sohn Jan mit Partnerin Daniela in Riga
- Mein Sohn und Partnerin in der Daugave
- Gesäuberte Trinkgefäße auf dem Baum vor der Datsche
- So werden Tassen trocken
- Meine Katze Dussja auf ihrem Lieblingsplatz
- Freche Krähe in Riga
- Freiheitsstatue in Riga
- Lettlands Staatsbibliothek in Riga
- Festsaal des lettischen Präsidenten
- Pressekonferenz im Festsaal
- Mein Freund Janis
- Mein Freund Janis
- Stromführende Leitungen ohne Ende, wie in Moskau so auch
  in Riga
- Mein lieber Sohn Jan
- Mein Sohnemann
- Meine Cousine Astrid
- Meine Lilita
- Uckermärkische Bühnen Schwedt

Buchinnenseite

Der Autor war von 1997 bis 2012 akkreditierter Journalist in der Russischen Föderation mit zeitweiligem (1997 bis 2004) und ununterbrochenem (2004 bis 2012) Aufenthalt in Moskau.

Seit 2012 ist er akkreditierter freier Journalist und Autor in der Republik Lettland.

Vor seiner Akkreditierung in Moskau arbeitete er als Korrespondent teilweiser zweisprachiger regionaler
und überregionaler Zeitungen und Zeitschriften in Deutschland.

Foto: Autor
Mit dem Zug in Berlin gelandet

Foto: Autor
Russische Kunst aus Sand

Foto:Autor
Russische Kunst aus Sand

Foto:Autor
Rigas Meer: Die Daugave (Düna)

Foto:Autor
Ein „Goldsucher" an der Daugave

Foto:Autor
Das Kaufhaus DOMINA

Foto:Auto:
Das Kaufhaus PRISMA

Foto:Autor
Mein Sohn Jan mit Partnerin Daniela in Riga

Foto:Autor
Mein Sohn und Partnerin in der Daugave

Foto:Autor
Gesäuberte Trinkgefäße auf dem Baum vor der Datsche

Foto:Autor
So werden Tassen trocken

Foto:Autor
Meine Katze Dussja auf ihrem Lieblingsplatz

Foto:Autor
Freche Krähe in Riga

Foto:Autor
Die Freiheitsstatue in Riga

Foto:Autor
Die lettische Staatsbibliothek in Riga

Foto:Autor
Festsaal des Präsidenten

Foto:Autor
Pressekonferenz im Festsaal des Präsidenten

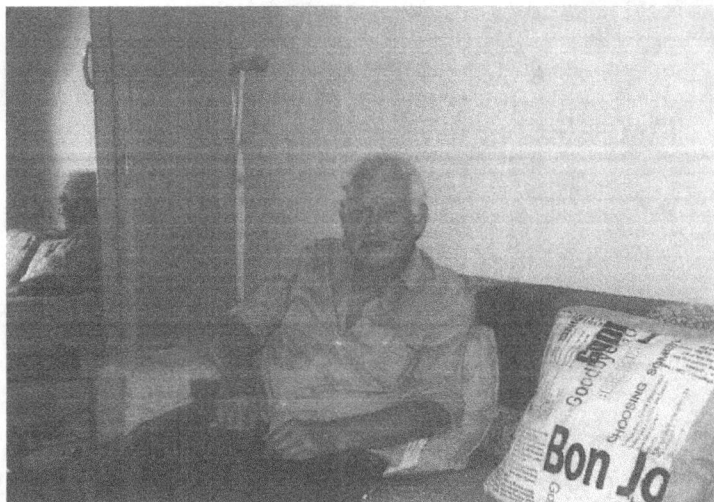

Foto:Autor
Mein Freund Janis (gest. 2015)

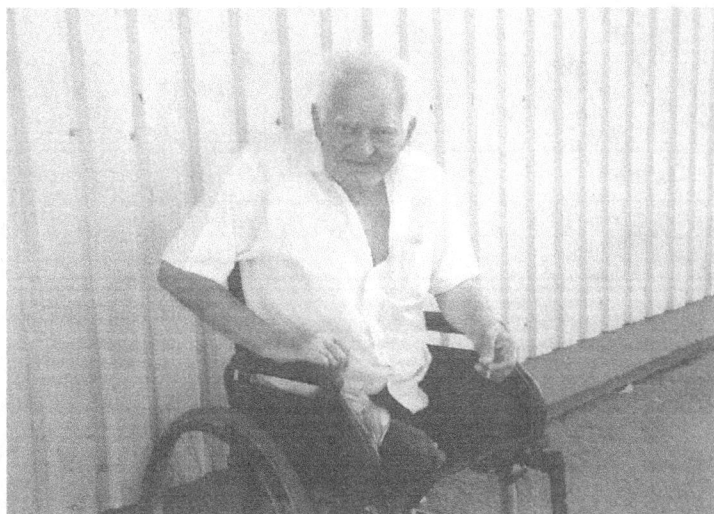

Foto:Autor
Mein Freund Janis (gest.2015)

2 Fotos: Autor
Stromführende Leitungen wie in Moskau so auch in Riga

Foto: Autor
Mein lieber Sohn Jan

Foto: Autor
Mein Sohnemann

Foto: Autor
Meine Cousine Astrid

Foto: Autor
Meine Lilita

Uckermärkische Bühnen Schwedt

ÄRKISCHE BÜHNEN SC

IM OSTEN GEHT DIE SONNE AUF

2 Fotos: Autor

Foto: Heidi Steinicke

Der Autor war von 1997 bis 2012 akkreditierter Journalist in der Russischen Föderation mit zeitweiligem (1997 bis 2004) und ununterbrochenem (2004 bis 2012) Aufenthalt in Moskau.

Seit 2012 ist er akkreditierter freier Journalist und Autor in der Republik Lettland.

Vor seiner Akkreditierung in Moskau arbeitete er als Korrespondent teilweiser zweisprachiger regionaler und überregionaler Zeitschriften und Zeitungen in Deutschland.

,tationen, die mich prägten

In dieser Ausgabe schildert der Journalist und Autor Reinhold Herbert Litschke, Jahrgang 1935, seine Erfahrungen und Erkenntnisse, die er während seiner mehrjährigen Aufenthalte in Europas Hauptstädten Moskau, Berlin, Riga und der deutschen Kreisstadt Schwedt – seiner wohl letzten Station – gemacht hat. Positives und Negatives halten sich die Waage.
Interessant insbesondere sein Vergleich mit Deutschland, seiner eigentlichen Heimat, in die er nach vielen Jahren zurückkehrte.

Reinhold Herbert Litschke, den Freunde im In – und Ausland schlicht *Bert* nennen, lebte zuletzt als akkreditierter freier Journalist und Autor in der lettischen Weltkulturhauptstadt Riga. Im März 2015 landete er in Deutschlands wohl schönster Stadt: Schwedt an der Oder, an der deutsch-polnischen Grenze.
Ein ehemaliger Potsdamer Minister behauptete einmal, ein deutscher Mann werde bettelarm, wenn seine Ehe geschieden wird. „Bert" machte drei Mal diese Erfahrung.

www.ingramcontent.com/pod-product-compliance
Lightning Source LLC
Chambersburg PA
CBHW070931270326
41927CB00011B/2813